Impressum
Verlag: BABADADA GmbH, Nedderfeld 112 , 22529 Hamburg
Geschäftsführer / Verlagsleitung: Harald Hof
Druck: Books on Demand GmbH, In de Tarpen 42, 22848 Norderstedt

Imprint
Publisher: BABADADA GmbH, Nedderfeld 112 , 22529 Hamburg, Germany
Managing Director / Publishing direction: Harald Hof
Print: Books on Demand GmbH, In de Tarpen 42, 22848 Norderstedt

shule
skola

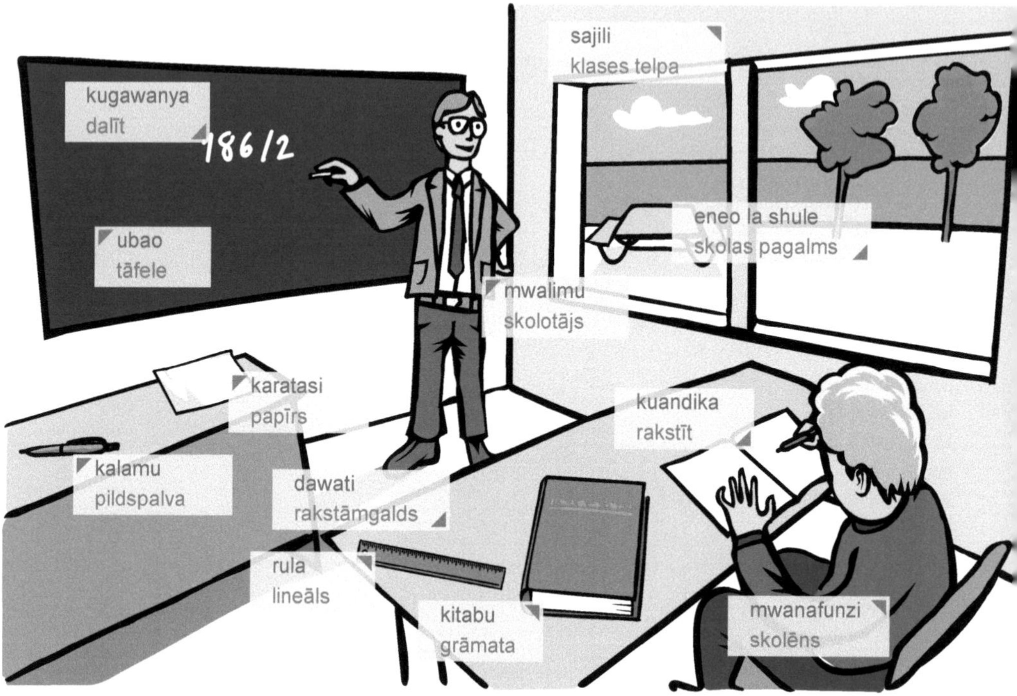

sajili
klases telpa
kugawanya
dalīt
186/2
ubao
tāfele
eneo la shule
skolas pagalms
mwalimu
skolotājs
karatasi
papīrs
kuandika
rakstīt
kalamu
pildspalva
dawati
rakstāmgalds
rula
lineāls
kitabu
grāmata
mwanafunzi
skolēns

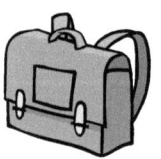

mkoba

skolas soma

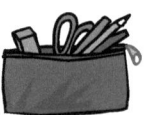

kikasha cha penseli

penālis

penseli

zīmulis

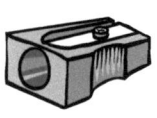

kichonga penseli

zīmuļu asināmais

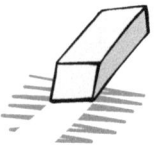

mpira

dzēšgumija

pedi ya kuchora

zīmēšanas bloks

uchoraji

zīmējums

brashi ya rangi

ota

sanduku la rangi

krāsas

mkasi

šķēres

gundi

līme

daftari

darba burtnīca

kazi ya nyumbani

mājas darbs

12

nambari

skaitlis

2+2

jumlisha

saskaitīt

5-2

ondoa

atņemt

2×2

zidisha

reizināt

kokotoa

rēķināt

A

barua

burts

ABCDEFG HIJKLMN OPQRSTU VWXYZ

alfabeti

alfabēts

neno

vārds

maandishi

teksts

kusoma

lasīt

chaki

krīts

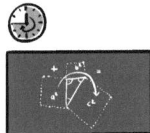

somo

mācību stunda

sajili

žurnāls

uchunguzi

eksāmens

cheti

liecība

sare za shule

skolas forma

elimu

izglītība

elezo

enciklopēdija

chuo kikuu

universitāte

darubini

mikroskops

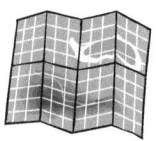

ramani

karte

kikapu cha kuweka karatasi
chafu

papīrgrozs

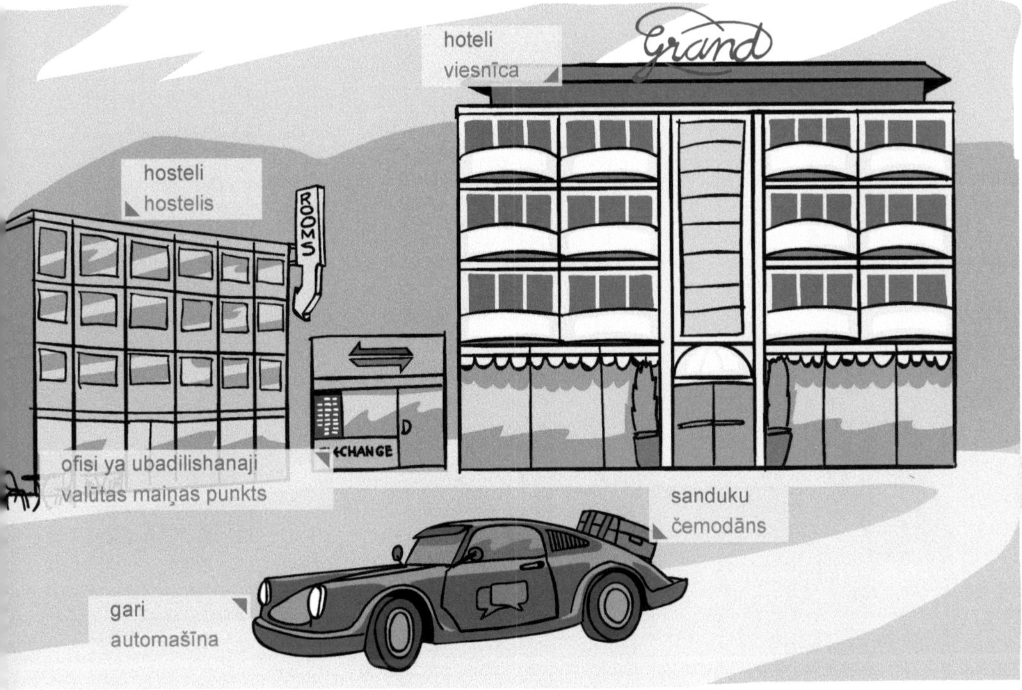

hoteli
viesnīca
Grand
hosteli
hostelis
ROOMS
ofisi ya ubadilishanaji
valūtas maiņas punkts
€CHANGE
sanduku
čemodāns
gari
automašīna

lugha
Valoda

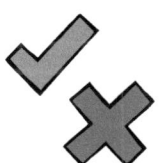

ndiyo / la
jā / nē

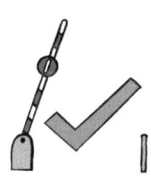

sawa
Okay

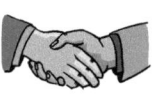

hujambo
Sveiki!

mtafsiri
tulks

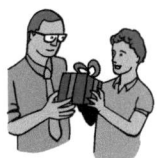

Asante
paldies

kiasi gani ni ...?

Cik maksā...?

Sielewi

Es nesaprotu

tatizo

problēma

Jioni njema!

Labvakar!

Habari za asubuhi!

Labrīt!

Usiku mwema!

Ar labu nakti!

kwa heri

Uz redzēšanos

mwelekeo

virziens

mizigo

bagāža

mfuko

soma

shanta

mugursoma

mgeni

viesis

chumba

istaba

begi la kulalia

guļammaiss

hema

telts

taarifa ya utalii
....
tūrisma informācija

ufuo
....
pludmale

kadi
....
kredītkarte

kifunguakinywa
....
brokastis

chakula cha mchana
....
pusdienas

chakula cha jioni
....
vakariņas

tiketi
....
biļete

kuinua
....
lifts

muhuri
....
pastmarka

mpaka
....
robeža

mila
....
muita

ubalozi
....
vēstniecība

visa
....
vīza

pasipoti
....
pase

usafiri
transports

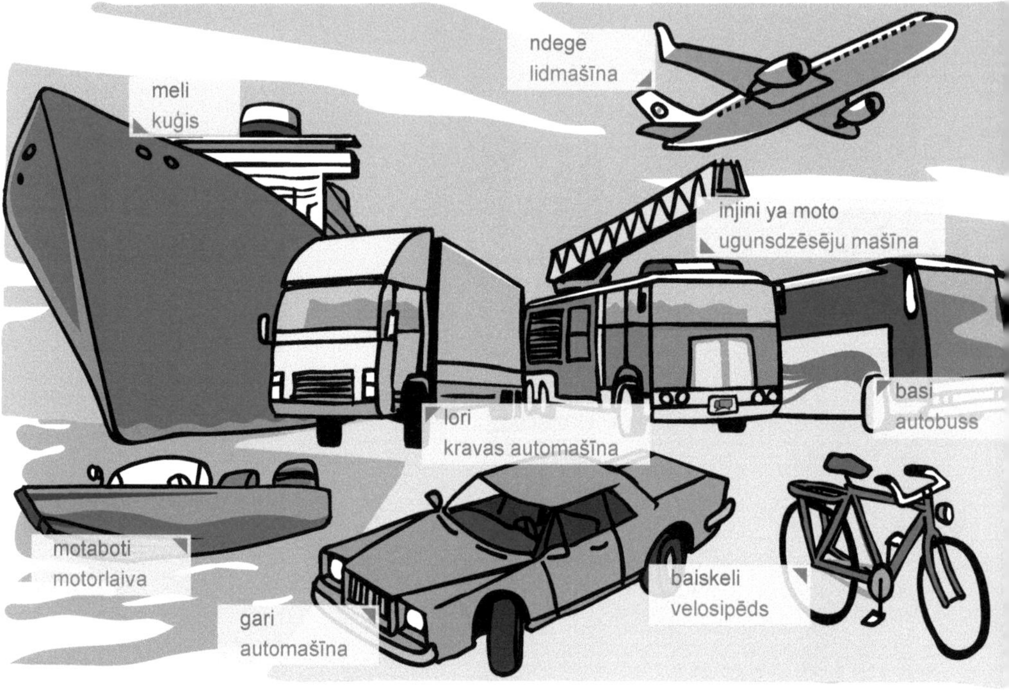

ndege
lidmašīna
meli
kuģis
injini ya moto
ugunsdzēsēju mašīna
basi
autobuss
lori
kravas automašīna
motaboti
motorlaiva
baiskeli
velosipēds
gari
automašīna

feri

prāmis

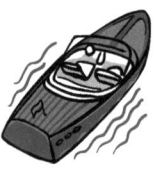

mashua

laiva

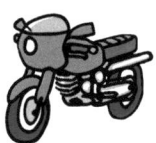

pikipiki

motocikls

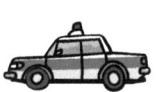

gari la polisi

policijas automašīna

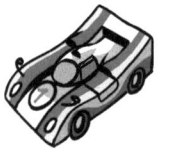

gari la mashindano

sacīkšu automobilis

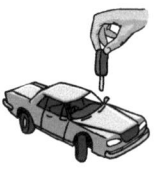

gari la kukodisha

nomas auto

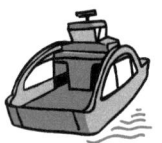

kushiriki gari

auto koplietošana

lori la kuvuta

evakuators

ukusanyaji taka

atkritumu mašīna

motor

dzinējs

mafuta

benzīns

kituo cha mafuta

degvielas uzpildes stacija

ishara trafiki

ceļa zīme

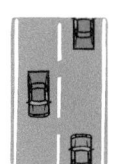

trafiki

satiksme

msongamano

sastrēgums

maegesho

stāvvieta

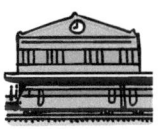

kituo cha treni

dzelzceļa stacija

reli

sliedes

garimoshi

vilciens

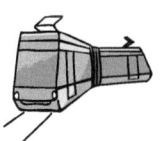

tremu

tramvajs

gari la mizigo

vagons

helikopta

helikopters

uwanja wa ndege

lidosta

mnara

tornis

abiria

pasažieris

chombo

konteiners

katoni

kaste

mkokoteni

ratiņi

kikapu

grozs

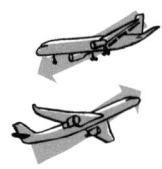

ondoka

pacelties / nosēsties

jiji
pilsēta

kijiji

ciems

katikati ya jiji

pilsētas centrs

nyumba

māja

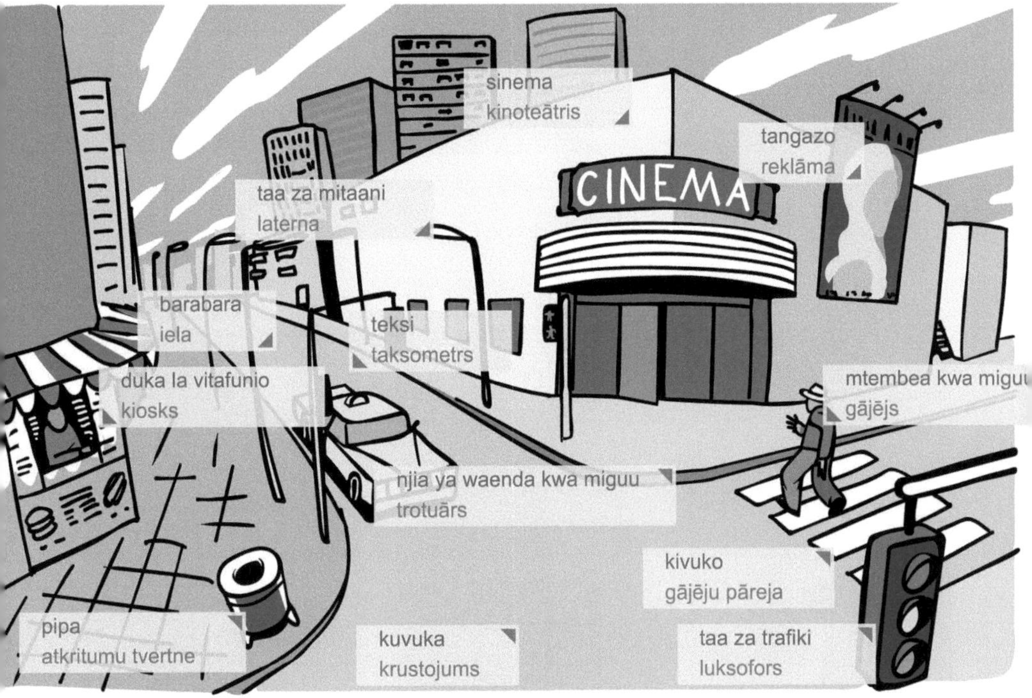

sinema
kinoteātris

tangazo
reklāma

taa za mitaani
laterna

barabara
iela

teksi
taksometrs

duka la vitafunio
kiosks

mtembea kwa miguu
gājējs

njia ya waenda kwa miguu
trotuārs

kivuko
gājēju pāreja

pipa
atkritumu tvertne

kuvuka
krustojums

taa za trafiki
luksofors

kibanda

būda

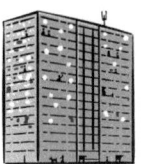

gorofa

dzīvoklis

kituo cha treni

dzelzceļa stacija

ukumbi wa mji

rātsnams

Makavazi

muzejs

shule

skola

chuo kikuu

universitāte

benki

banka

hospitali

slimnīca

hoteli

viesnīca

duka la dawa

aptieka

ofisi

birojs

duka la kitabu

grāmatnīca

duka

veikals

duka la maua

ziedu veikals

dukakuu

lielveikals

soko

tirgus

idara ya kuhifadhi

tirdzniecības centrs

mwuza samaki

zivju tirgotājs

kituo cha ununuzi

tirdzniecības centrs

bandari

osta

Hifadhi

parks

benki

sols

daraja

tilts

vidato

kāpnes

chini ya ardhi

metro

handaki

tunelis

kituo cha mabasi

autobusa pieturvieta

bar

bārs

mgahawa

restorāns

sanduku la posta

pastkastīte

ishara ya barabara

ielas nosaukuma plāksne

mita ya maegesho

stāvlaika skaitītājs

bustani ya wanyama

zooloģiskais dārzs

kidimbwi cha kuogelea

peldbaseins

msikiti

mošeja

shamba
zemnieku saimniecība

uchafuzi
vides piesārņojums

makaburini
kapsēta

kanisa
baznīca

uwanja wa michezo
spēļu laukums

hekalu
templis

mazingira
ainava

jani
lapa

ishara ya mwelekeo
ceļrādis

njia
ceļš

malisho
pļava

jiwe
akmens

mtembeaji wa masafa
ceļotājs

mti
koks

mto
upe

nyasi
zāle

ua
puķe

bonde
ieleja

kilima
kalns

ziwa
ezers

msitu
mežs

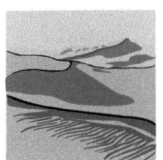

jangwa
tuksnesis

volkano
vulkāns

ngome
pils

upinde wa mvua
varavīksne

uyoga
sēne

mtende
palma

mbu
moskīts

kuruka
muša

chungu
skudra

nyuki
bite

buibui
zirneklis

mazingira - ainava

mende

vabole

chura

varde

kuchakuro

vāvere

nungunungu

ezis

sungura

zaķis

bundi

pūce

ndege

putns

swan

gulbis

nguruwe mwitu

meža cūka

kulungu

briedis

aina ya kongoni

alnis

bwawa

aizsprosts

tabo ya upepo

vēja ģenerators

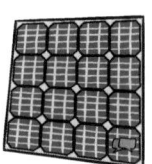

nishaji ya jua

saules baterija

hali ya hewa

klimats

mgahawa
restorāns

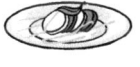

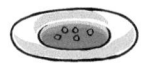

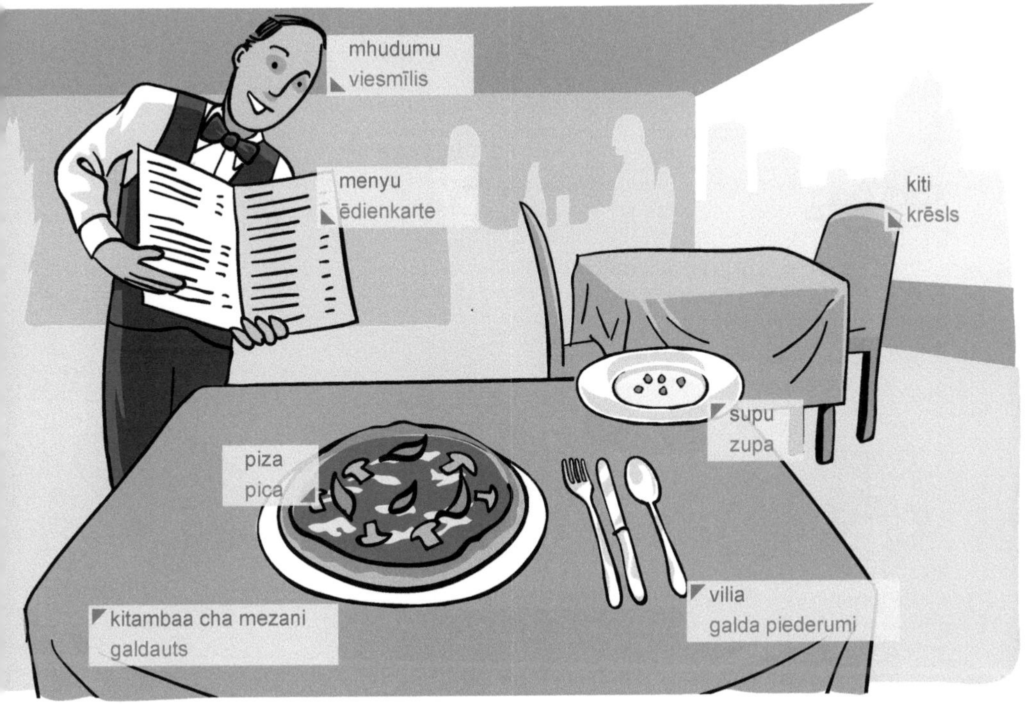
mhudumu
viesmīlis
menyu
ēdienkarte
kiti
krēsls
supu
zupa
piza
pica
vilia
galda piederumi
kitambaa cha mezani
galdauts

kiamsha hamu
uzkoda

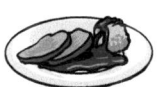

kozi kuu
pamatēdiens

kitindamlo
deserts

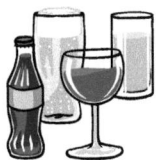

vinywaji
dzērieni

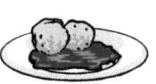

chakula
ēdiens

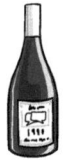

chupa
pudele

chakula cha haraka

ātrās uzkodas

Streetfood

ielu uzkodas

buli

tējkanna

kisanduku cha sukari

cukurtrauks

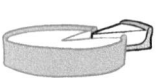

sehemu

porcija

mashine ya espresso

espresso kafijas automāts

kiti kirefu

bāra krēsls

muswada

rēķins

trei

paplāte

kisu

nazis

uma

dakša

kijiko

karote

kijiko cha chai

tējkarote

nepi

salvete

glasi

glāze

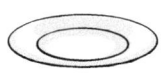

sahani
škīvis

sahani ya supu
zupas škīvis

sufuria
apakštase

mchuzi
mērce

kichanyaji chumvi
sāls trauciņš

kinu cha pilipili
piparu dzirnaviņas

siki
etiķis

mafuta
eļļa

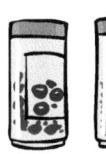

viungo
garšvielas

kechapu
kečups

haradali
sinepes

kachumbari nzito
majonēze

dukakuu
lielveikals

ofa maalum
piedāvājums
FOR
mteja
klients
maziwa
piena produkti
matunda
augļi
toroli
iepirkumu ratiņi

BUTCHERS

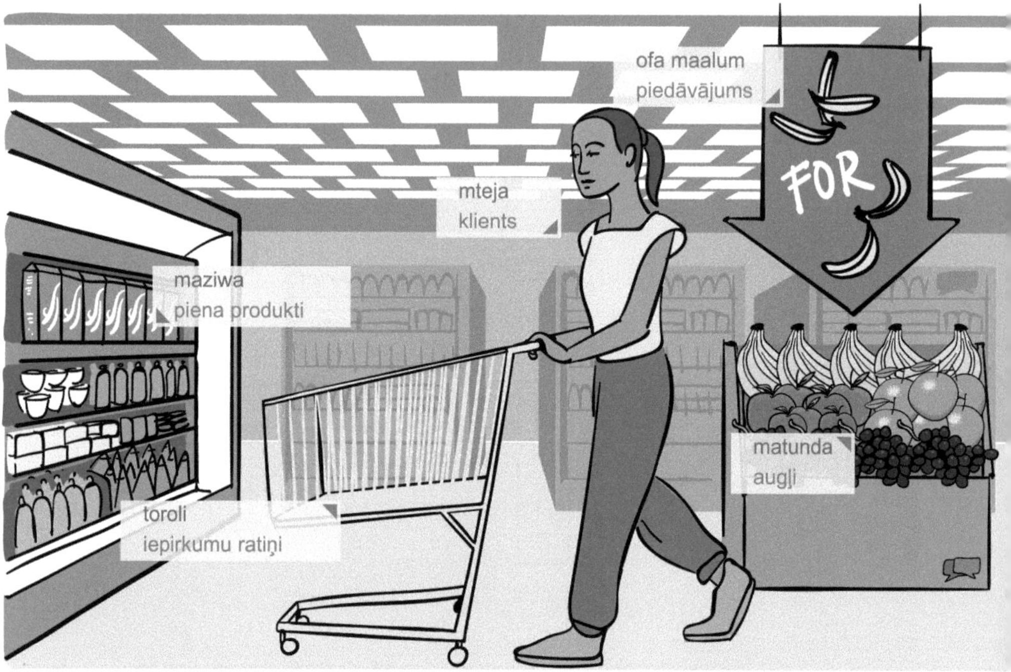

mchinjaji

kautuve

BAKERY

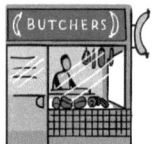

mwokaji

maizes veikals

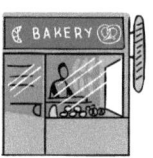

uzito

svērt

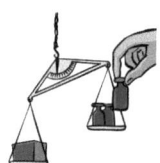

mboga

dārzeņi

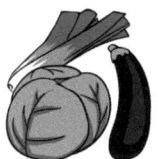

nyama

gaļa

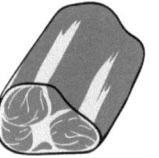

chakula waliohifadhiwa

saldēti produkti

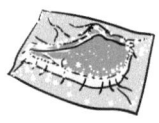

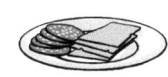

ipande vya nyama baridi

aukstās gaļas uzkodas

chakula cha kopo

konservi

sabuni ya unga

pulveris

pipi

saldumi

bidhaa za kaya

mājsaimniecības preces

bidhaa za kusafisha

tīrīšanas līdzeklis

mtu mauzo

pārdevēja

mpaka

kase

keshia

kasieris

orodha ya manunuzi

iepirkumu saraksts

masaa ya ufunguzi

darba laiks

mkoba

maks

kadi

kredītkarte

mfuko

soma

mfuko wa plastiki

maisiņš

maji
ūdens

sharubati
sula

maziwa
piens

coke
kola

mvinyo
vīns

bia
alus

pombe
alkohols

kakao
kakao

chai
tēja

kahawa
kafija

spreso
espresso

kapuchino
kapučīno

ndizi

banāns

tufaha

ābols

machungwa

apelsīns

tikiti

melone

lemon

citrons

karoti

burkāns

kitunguu saumu

ķiploks

mianzi

bambuss

kitunguu

sīpols

uyoga

sēne

karanga

rieksti

nudo

makaroni

spageti

spageti

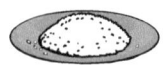

mpunga

rīsi

saladi

salāti

vibanzi

frī kartupeļi

viazi vya kukaanga

cepti kartupeļi

piza

pica

hambaga

hamburgers

sandwichi

sviestmaize

kipande

šnicele

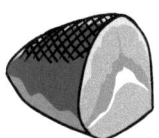

paja la mnyama

šķiņķis

salami

salami

soseji

desa

kuku

vista

choma

cepetis

samaki

zivs

oats ya uji

auzu pārslas

muesli

muslis

cornflakes

brokastu pārslas

unga

milti

kroisanti

radziņš

andazi

brokastu maizītes

mkate

maize

mkate wa kubanika

tostermaize

biskuti

cepumi

siagi

sviests

maziwa mgando

biezpiens

keki

kūka

yai

ola

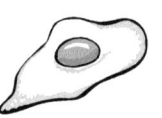

yai kukaanga

cepta ola

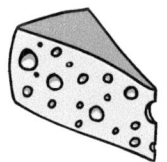

jibini

siers

aiskrimu
....
saldējums

sukari
....
cukurs

asali
....
medus

jemu
....
marmelāde

kuenea kwa chokoleti
....
riekstu krēms

mchuzi wa viungo
....
karijs

shamba
zemnieku saimniecība

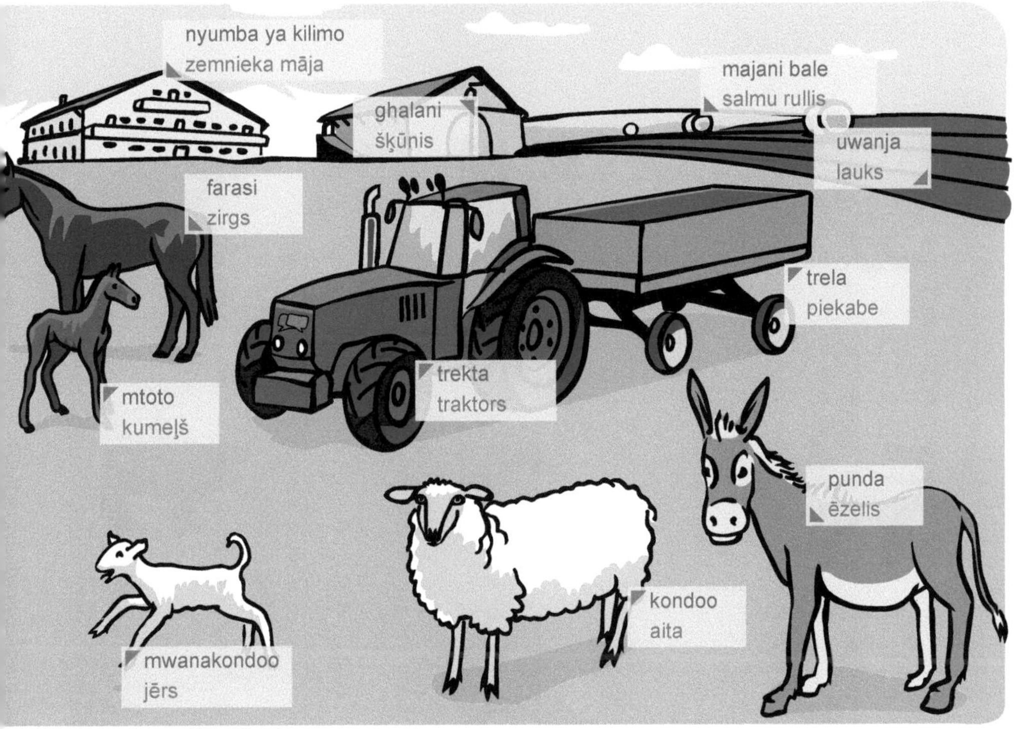
nyumba ya kilimo
zemnieka māja
ghalani
šķūnis
majani bale
salmu rullis
uwanja
lauks
farasi
zirgs
trela
piekabe
mtoto
kumeļš
trekta
traktors
punda
ēzelis
kondoo
aita
mwanakondoo
jērs

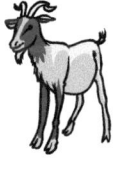

mbuzi
kaza

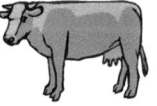

ng'ombe
govs

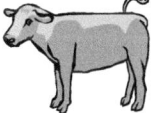

ndama
teļš

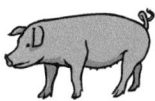

nguruwe
cūka

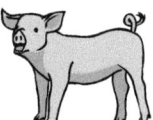

mwananguruwe
sivēns

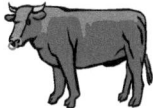

fahali
bullis

batabukini

zoss

bata

pīle

kifaranga

cālis

kuku

vista

jogoo

gailis

panya

žurka

paka

kaķis

panya

pele

ng'ombe

vērsis

mbwa

suns

nyumba ya mbwa

suņa būda

bomba la bustani

dārza šļūtene

debe la kumwagilia maji

lejkanna

fyekeo

izkapts

kulima

arkls

mundu

sirpis

jembe

kaplis

uma wa nyasi

mēslu dakša

shoka

cirvis

toroli

ķerra

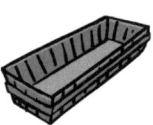

kupitia nyimbo

sile

chombo cha maziwa

piena kanna

gunia

maiss

ua

žogs

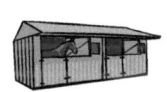

imara

kūts

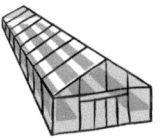

chafu

siltumnīca

udongo

augsne

mbegu

sēklas

mbolea

mēslojums

kivunaji

kombains

shamba - zemnieku saimniecība

mavuno
....
novākt ražu

mavuno
....
raža

viazi vikuu
....
jamss

ngano
....
kvieši

soya
....
soja

viazi
....
kartupelis

mahindi
....
kukurūza

rapa
....
rapsis

mti wa matunda
....
augļu koks

muhogo
....
manioka

nafaka
....
labība

nyumba
māja

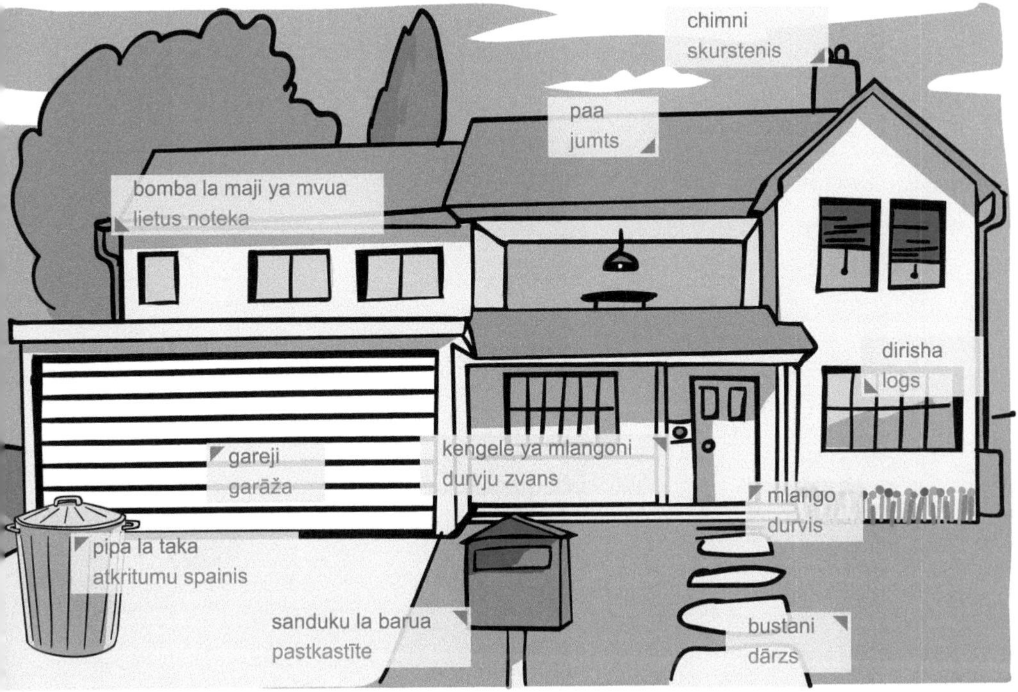
chimni
skurstenis
paa
jumts
bomba la maji ya mvua
lietus noteka
dirisha
logs
gareji
garāža
kengele ya mlangoni
durvju zvans
mlango
durvis
pipa la taka
atkritumu spainis
sanduku la barua
pastkastīte
bustani
dārzs

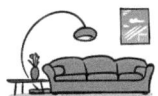

sebuleni
viesistaba

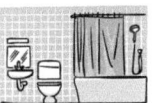

bafu
vannas istaba

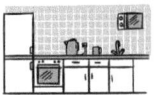

jikoni
virtuve

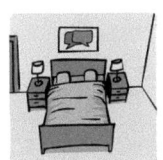

chumba cha kulala
guļamistaba

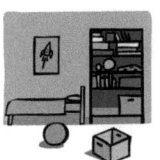

chumba ya mtoto
bērnu istaba

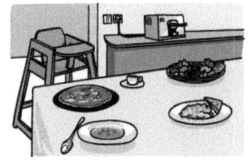

chumba cha kulia
ēdamistaba

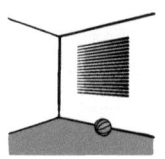

sakafu

grīda

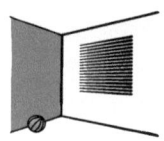

ukuta

siena

dari

griesti

pishi

pagrabs

sauna

sauna

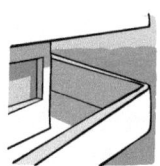

roshani

balkons

mtaro

terase

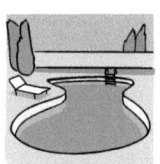

kidimbwi

baseins

mashine ya kukata nyasi

zāles pļāvējs

karatasi

gultas veļa

kitambaa cha kupamba kitanda

sega

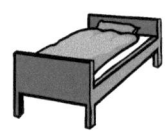

kitanda

gulta

ufagio

slota

ndoo

spainis

kubadili

slēdzis

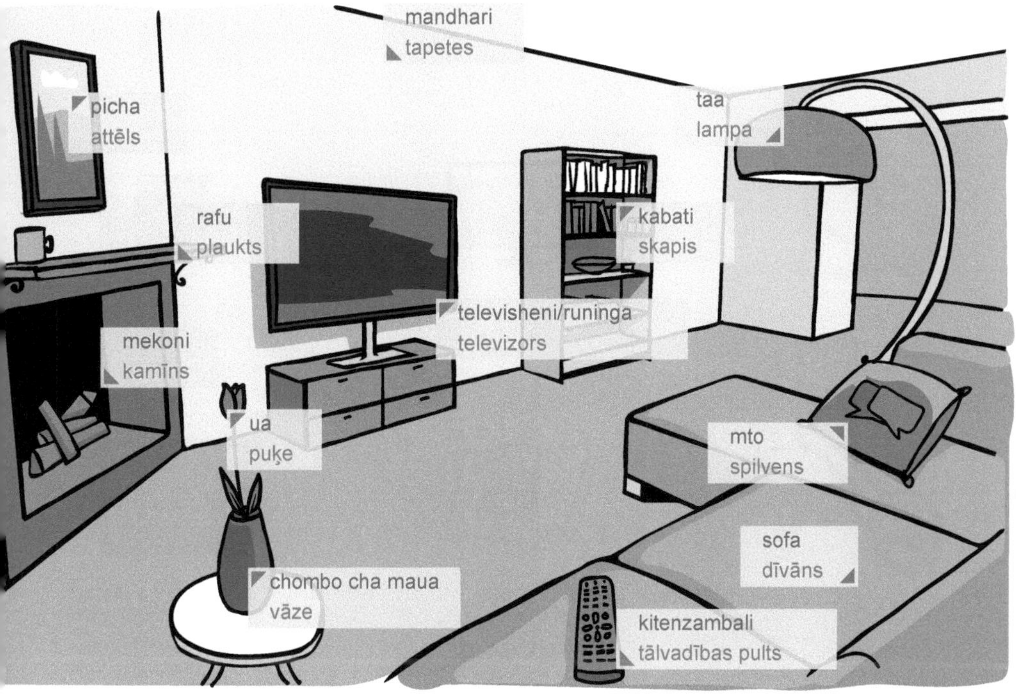

mandhari
tapetes

picha
attēls

taa
lampa

rafu
plaukts

kabati
skapis

mekoni
kamīns

televisheni/runinga
televizors

ua
puķe

mto
spilvens

sofa
dīvāns

chombo cha maua
vāze

kitenzambali
tālvadības pults

zulia

paklājs

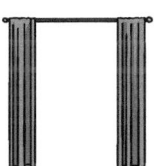

pazia

aizkars

meza

galds

kiti

krēsls

kiti cha bembea

šūpuļkrēsls

armchair

atpūtas krēsls

kitabu

grāmata

blanketi

sega

mapambo

dekorācija

kuni

malka

filamu

filma

kifaa cha hi-fi

mūzikas centrs

ufunguo

atslēga

gazeti

avīze

uchoraji

glezna

bango

plakāts

redio

radio

daftari

pierakstu blociņš

kifyonza

putekļu sūcējs

dungusi kakati

kaktuss

mshumaa

svece

jikoni
virtuve

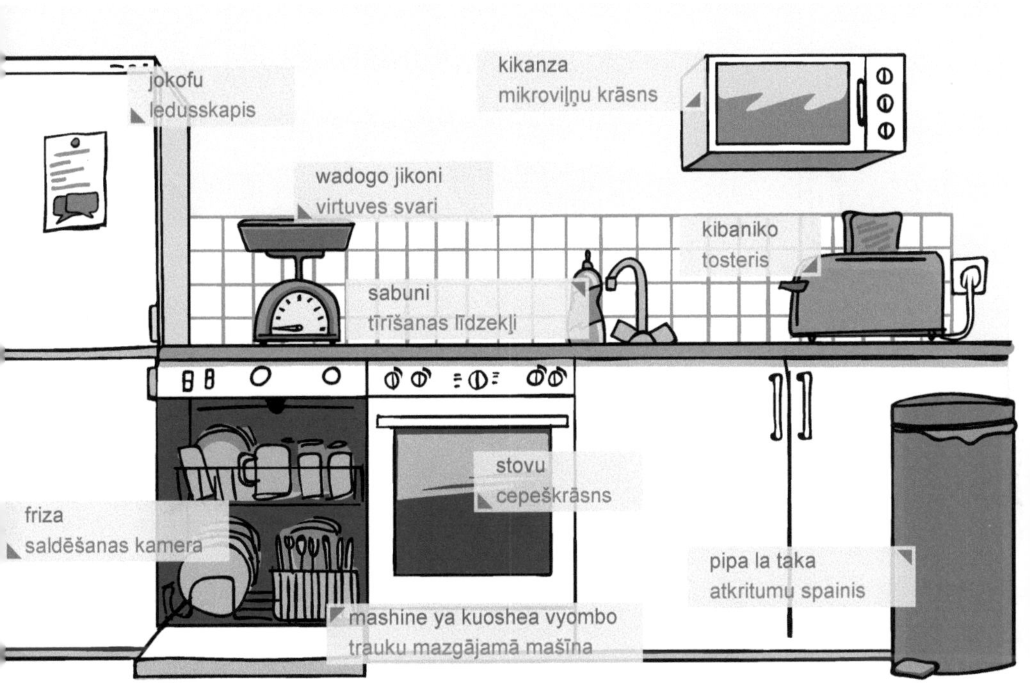
jokofu
ledusskapis
kikanza
mikroviļņu krāsns
wadogo jikoni
virtuves svari
kibaniko
tosteris
sabuni
tīrīšanas līdzekļi
stovu
cepeškrāsns
friza
saldēšanas kamera
pipa la taka
atkritumu spainis
mashine ya kuoshea vyombo
trauku mazgājamā mašīna

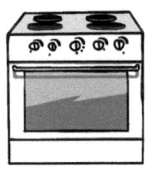

jiko la kupika

plīts

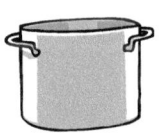

chungu

pods

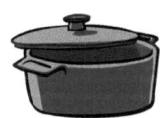

sufuria ya chuma

katls

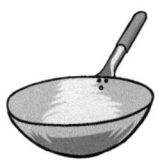

wok / kadai

Wok panna

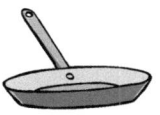

kaango

panna

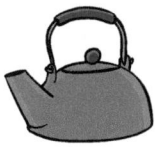

birika

elektriskā tējkanna

stima
tvaika katls

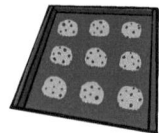

sinia ya kuoka
cepešpanna

vyombo vya udongo
trauki

kombe
krūze

bakuli
bļoda

vijiti vya kulia
irbulīši

ukawa
kauss

mwiko mpana
lāpstiņa

burashi
putošanas slotiņa

kichujio
sietiņš

chujio
siets

mbuzi
rīve

chokaa
piesta

barbeque
grilēt

moto wazi
atklāts pavards

ubao wa majaribio

dēlis

kijiti cha kusukuma unga

mīklas rullis

kizibuo

korķu viļķis

kopo

bundža

inaweza kopo

konservu nazis

kishikio cha chungu

virtuves cimdi

karo

izlietne

brashi

birste

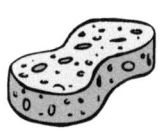

sifongo

sūklis

kisagaji matunda

mikseris

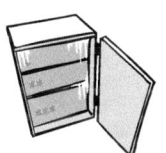

friji ya kina

saldētava

chupa ya mtoto

bērna pudelīte

bomba

ūdenskrāns

vannas istaba

joto
apkure

mfereji wa kuogea
duša

taulo
dvielis

pazia la kuogea
dušas aizkari

maji ya kuoga yenye povu
vannas putas

hodhi
vanna

glasi
glāze

mashine ya kuosha
veļas mašīna

vigae
flīzes

bomba
ūdenskrāns

poti
podiņš

karo
izlietne

choo

tualetes pods

choo cha squat

Āzijas tipa tualete

beseni la mviringo

bidē

choo cha umma

pisuārs

shashi

tualetes papīs

brashi ya choo

tualetes birste

mswaki

zobu birste

dawa ya meno

zobu pasta

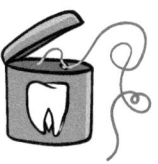

dawa ya meno

zobu diegs

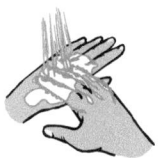

safisha

mazgāt

kuoga mkono

rokas duša

msukumo wa maji

duša

bonde

bļoda

mpako wa pili

muguras mazgāšanas birste

sabuni

ziepes

jeli ya kuogea

dušas želeja

shampuu

šampūns

flana

mazgāšanas drāna

toa maji

noteka

krimu

krēms

kiondoa harufu

dezodorants

kioo

spogulis

kioo mkono

spogulītis

kinyozi

skuveklis

povu la kunyoa

skūšanās putas

baada ya kunyoa

losjons pēc skūšanās

kichana

ķemme

brashi

matu suka

kikausha nywele

matu fēns

marashi ya nyewele

matu laka

vipodozi

grima komplekts

kidomwa

lūpu krāsa

varnish ya msumari

nagulaka

pamba

vate

mkasi wa kucha

šķērītes

manukato

smaržas

mkoba wa kuosha

kosmētikas maks

nguo ya kuoga

halāts

sodo

pakete

kinyesi

ķeblītis

glavu za mpira

tīrīšanas cimdi

kemikali choo

ķīmiskā tualete

mizani

svari

kisodo

tampons

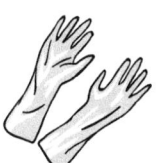

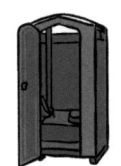

chumba ya mtoto

bērnu istaba

saa ya kengele
modinātājs
kidoli cha kupakata
mīkstā rotaļlieta
gari bandia
spēļu automašīna
kelele
grabulis
chumba cha midoli
leļļu māja
sasa
dāvana

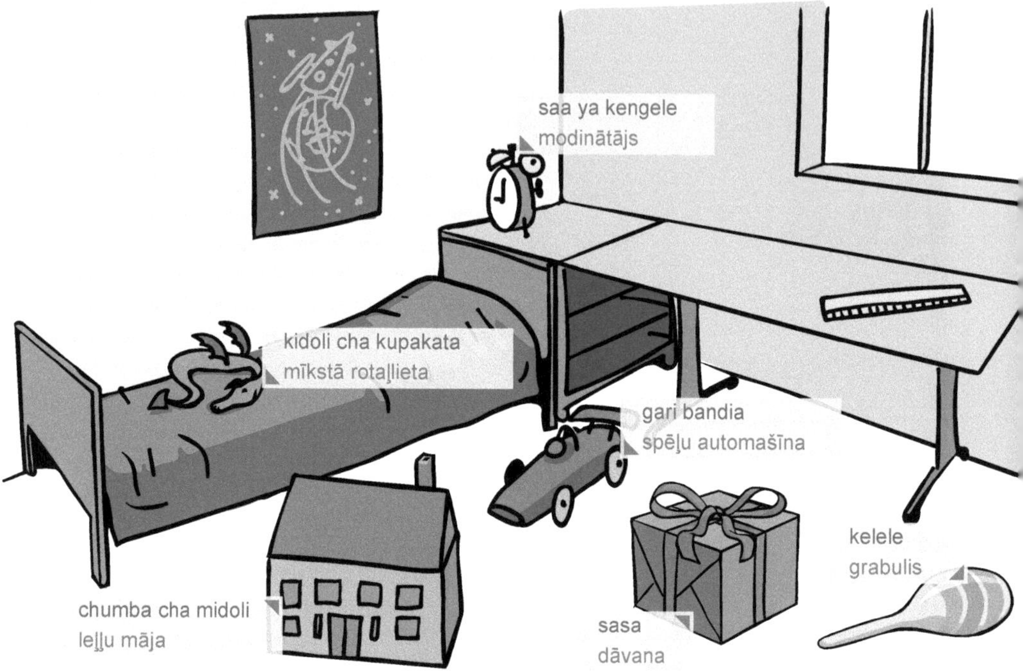

baluni

balons

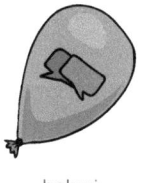

kitanda

gulta

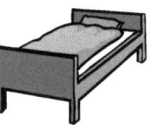

mashua

bērnu ratiņi

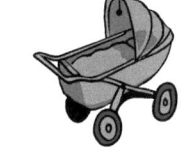

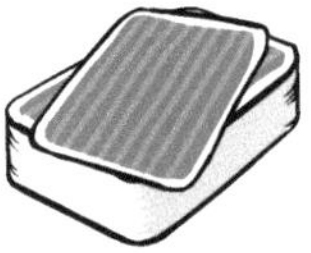

staha ya kadi

kārtis

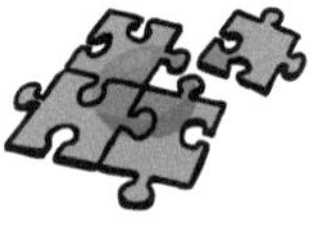

mchezo-fumb

puzle

vichekesho

komikss

matofali lego

LEGO klucīši

vitalu mwigo

klucīši

hatua takwimu

varoņu figūra

suti ya kulalia

rāpulītis

kisahani

lidojošais šķīvītis

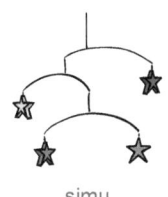

simu

muzikālais karuselis

ubao wa michezo

galda spēle

kete

metamais kauliņš

garimoshi mwigo

rotaļu dzelzceļš

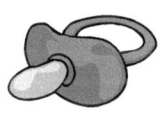

dummy

māneklis

chama

ballīte

picha kitabu

bilžu grāmata

mpira

bumba

kikaragosi

lelle

kucheza

spēlēt

chumba ya mtoto - bērnu istaba

shimo la mchanga

smilšu kaste

bembea

šūpoles

vitu bandia

rotaļlietas

kiweko cha video ya mchezo

spēļu konsole

baiskeli ya magurudumu

trīsritenis

matatu

mwanasesere

plīša lācītis

kabati

drēbju skapis

nguo

apģērbs

soksi

īszeķes

stokingi

zeķes

kibano

zeķbikses

skafu
šalle

mwavuli
lietussargs

fulana
T-krekls

ukanda
siksna

viatu
zābaks

ndara
čības

wakufunzi
botas

malapa
sandales

viatu
kurpes

mabuti ya mpira
gumijas zābaki

suruali ya ndani
apakšbikses

sidiria
krūšturis

fulana
apakškrekls

mwili

bodijs

suruali

bikses

dangirizi

džinsi

sketi

svārki

blauzi

blūze

shati

krekls

vuta

pulovers

sweta

džemperis

bleza

žakete

jaketi

jaka

koti

mētelis

koti la mvua

lietus mētelis

maleba

kostīms

gauni

kleita

mavazi ya harusi

kāzu kleita

suti

uzvalks

vazi la usiku

naktskrekls

pajama

pidžama

sari

sari

skafu

lakats

kilemba

turbāns

burka

burka

kaftan

kaftāns

abaya

abaja

vazi la kuogelea

peldkostīms

vazi la kiume la kuogelea

peldbikses

kaptura

šorti

teitei

treniņtērps

aproni

priekšauts

glavu

cimdi

kifungo

poga

glasi

brilles

bangili

rokassprādze

mkufu

kaklarota

pete

gredzens

herini

auskars

kofia

cepure

kiango cha koti

drēbju pakaramais

kofia

platmale

tai

kaklasaite

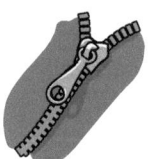

zipu

rāvējslēdzējs

kofia

ķivere

kanda za suruali

bikšturi

sare za shule

skolas forma

sare

uniforma

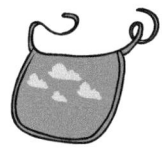

bibu

priekšautiņš

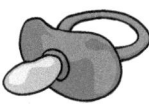

dummy

māneklis

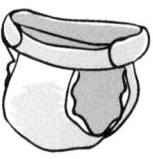

nepi

autiņbiksītes

ofisi
birojs

seva
serveris
kabati la kuweka faili
dokumentu skapis
kichapishaji
printeris
karatasi
papīrs
kiwambo
monitors
kipanya
pele
dawati
rakstāmgalds
folda
dokumentu vāki
kibodi
klaviatūra
cha kuweka karatasi chafu
rozs
kiti
krēsls
kompyuta
dators

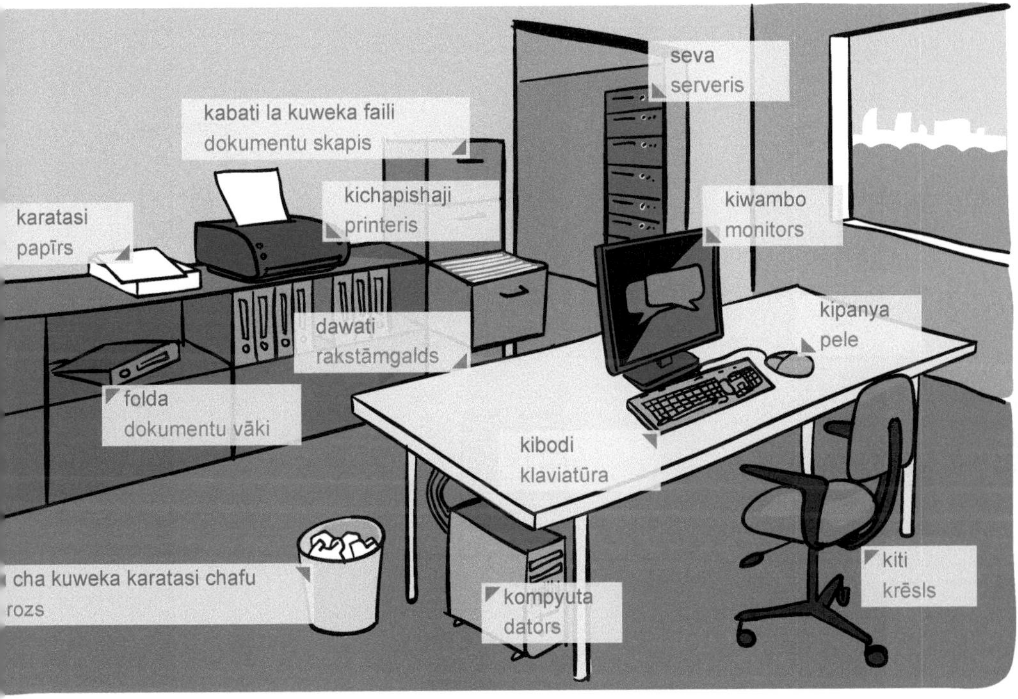

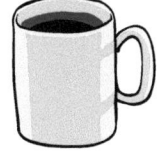

kmobe la kahawa

kafijas krūze

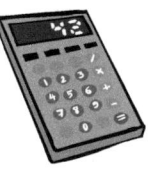

kikokotoo

kalkulators

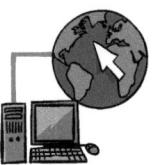

biashara

internets

mbali

portatīvais dators

barua

vēstule

ujumbe

ziņa

rununu

mobilais tālrunis

intaneti

tīkls

fotokopia

kopētājs

programu

programmatūra

simu

telefons

soketi

rozete

kipepesi

faksa aparāts

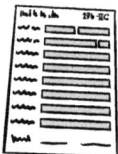

fomu

formulārs

hati

dokuments

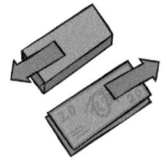

kununua
pirkt

kulipa
samaksāt

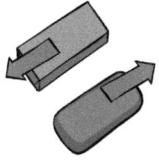

biashara
tirgot

fedha
nauda

dola
dolārs

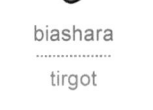

yuro
eiro

yeni
jēna

rouble
rublis

faranga ya Uswisi
franks

renminbi yuan
juaņa renminbi

rupia
rūpija

eneo la kulipia
bankomāts

ofisi ya ubadilishanaji
valūtas maiņas punkts

dhahabu
zelts

fedha
sudrabs

mafuta
nafta

nishati
enerģija

bei
cena

mkataba
līgums

kodi
nodoklis

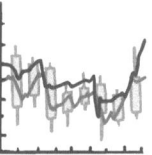

bidhaa
akcija

kazi
strādāt

mfanyakazi
darbinieks

mwajiri
darba devējs

kiwanda
fabrika

duka
veikals

afisa wa polisi
policists

mzimamoto
ugunsdzēsējs

mpishi
pavārs

daktari
ārsts

rubani
pilots

mtunza bustani

dārznieks

seremala

galdnieks

mshonaji

šuvēja

hakimu

tiesnesis

mwanakemia

ķīmiķis

muigizaji

aktieris

dereva wa basi

autobusa vadītājs

dereva wa teksi

taksometra vadītājs

mvuvi

zvejnieks

mwanamke wa kusafisha

apkopēja

mwezekaji

jumiķis

mhudumu

viesmīlis

mwindaji

mednieks

mchoraji

gleznotājs

mwokaji

maiznieks

umeme

elektriķis

mjenzi

celtnieks

mhandisi

inženieris

mchinjaji

miesnieks

fundi bomba

skārdnieks

mwanaposta

pastnieks

mwanajeshi

karavīrs

msanifu majengo

arhitekts

keshia

kasieris

muuza maua

florists

msusi

frizieris

kondakta

konduktors

mekanika

mehāniķis

nahodha

kapteinis

daktari wa meno

zobārsts

mwanasayansi

zinātnieks

rabbi

rabīns

imamu

imāms

mtawa

mūks

kasisi

mācītājs

kazi - profesijas

zana
instrumenti

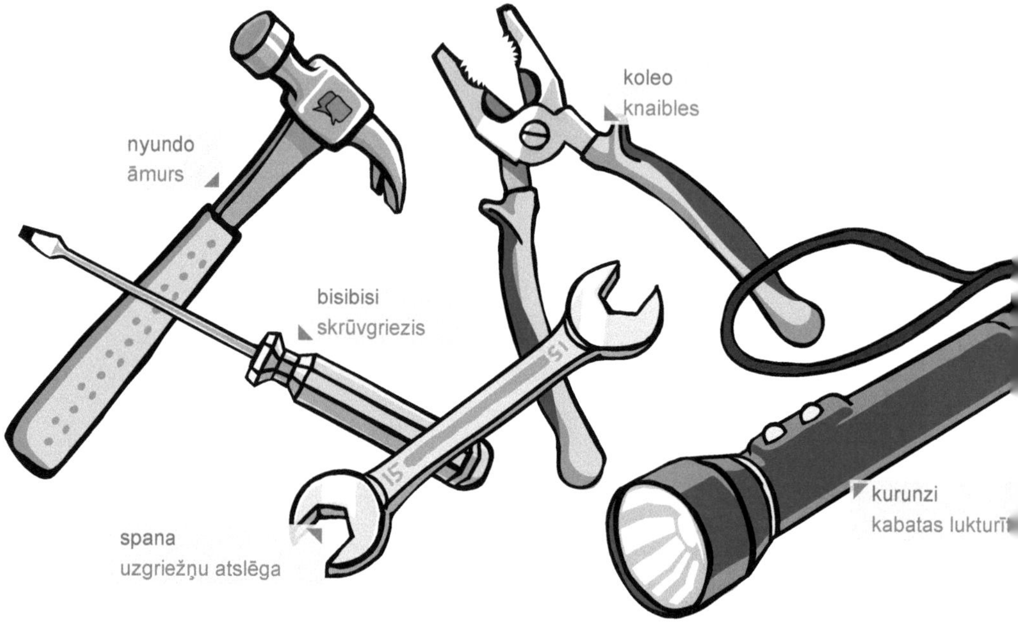
nyundo
āmurs
koleo
knaibles
bisibisi
skrūvgriezis
spana
uzgriežņu atslēga
kurunzi
kabatas lukturī

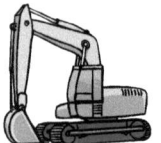

mchimbaji
ekskavators

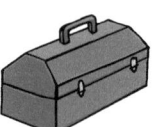

sanduku la vifaa
instrumentu kaste

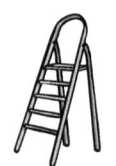

ngazi
kāpnes

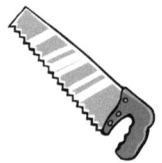

msumeno
zāģis

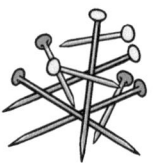

misumari
naglas

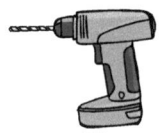

kuchimba visima
urbis

kukarabati
remontēt

sepetu
lāpsta

Lo!
Velns!

kishikio cha uchafu
liekšķere

chungu cha rangi
krāsas bundža

skurubu
skrūves

ala za muziki
mūzikas instrumenti

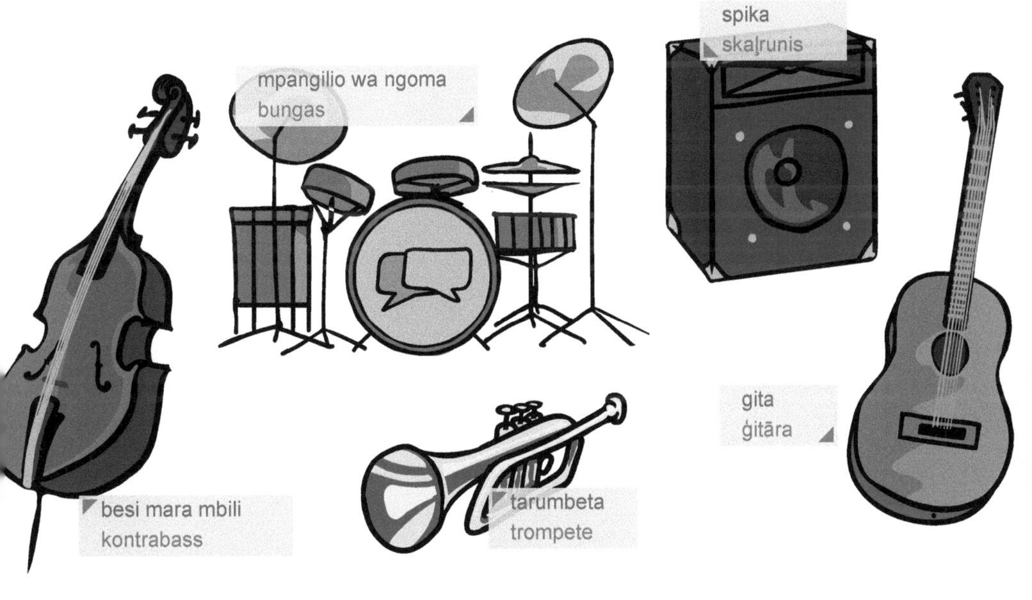

spika
skaļrunis

mpangilio wa ngoma
bungas

gita
ģitāra

besi mara mbili
kontrabass

tarumbeta
trompete

piano

klavieres

fidla

vijole

ubeji

bass

timpani

timpāni

ngoma

bungas

kibodi

digitālās klavieres

saksafoni

saksofons

filimbi

flauta

maikrofoni

mikrofons

bustani ya wanyama
zooloģiskais dārzs

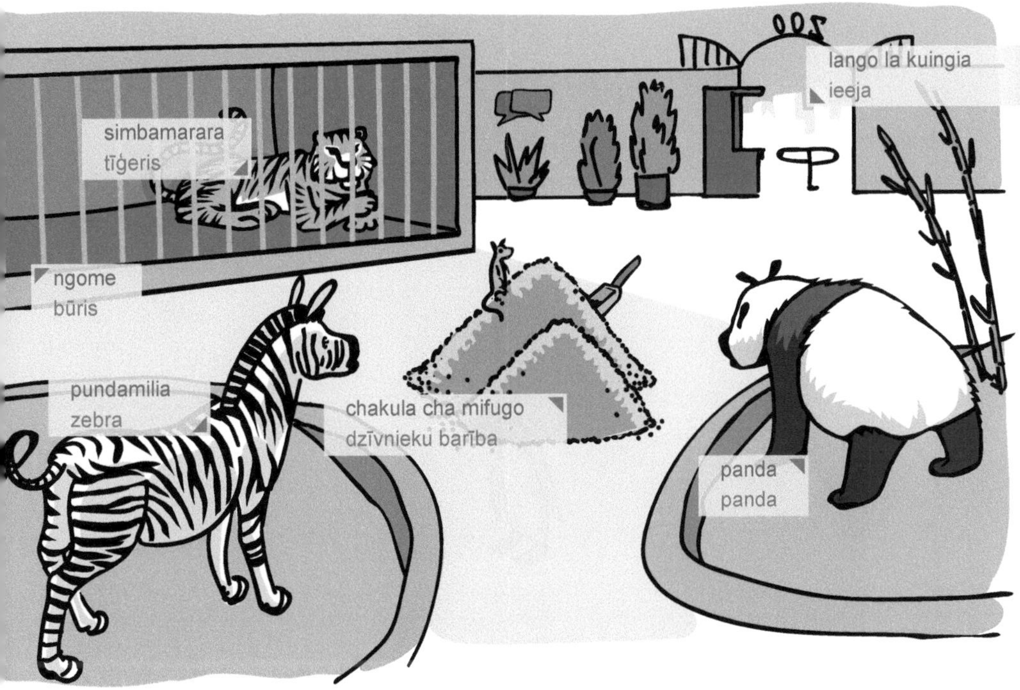

zoo
lango la kuingia
ieeja
simbamarara
tīģeris
ngome
būris
pundamilia
zebra
chakula cha mifugo
dzīvnieku barība
panda
panda

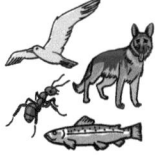

wanyama

dzīvnieki

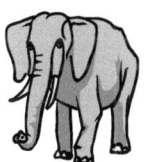

tembo

zilonis

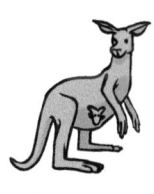

kangaruu

ķengurs

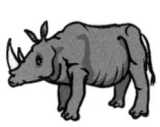

kifaru

degunradzis

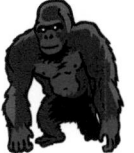

sokwe

gorilla

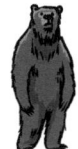

dubu

lācis

ngamia

kamielis

mbuni

strauss

simba

lauva

tumbili

pērtiķis

heroe

flamings

kasuku

papagailis

dubu

polārlācis

penguini

pingvīns

papa

haizivs

tausi

pāvs

nyoka

čūska

mamba

krokodils

mtunza wanyama

zoodārza sargs

muhuri

ronis

jaguar

jaguārs

mwanafarasi

ponijs

chui

leopards

kiboko

nīlzirgs

twiga

žirafe

tai

ērglis

nguruwe mwitu

meža cūka

samaki

zivs

kobe

bruņurupucis

sili

valzirgs

mbweha

lapsa

paa

gazele

soka ya marekani
amerikāņu futbols

uendeshaji baiskeli
riteņbraukšana

tenisi
teniss

mpira wa kikapu
basketbols

kuogelea
peldēšana

ndondi
bokss

magongo ya barafuni
hokejs

soka
futbols

vinyoya
badmintons

riadha
vieglatlētika

mpira wa mikono
rokas bumba

skii
slēpošana

polo
polo

shughuli
darbības

kuruka
lēkt
kumbatia
apskaut
cheka
smieties
kutembea
iet
kuimba
dziedāt
ota ndoto
sapņot
kuomba
lūgt
busu
skūpstīt

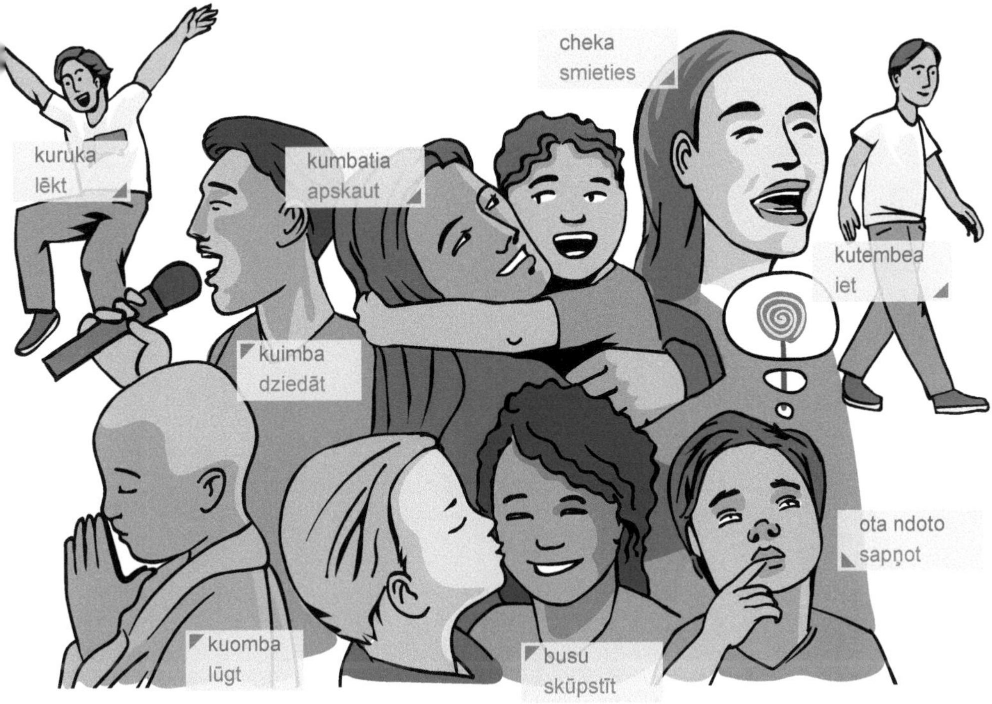

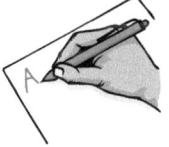

kuandika
rakstīt

kuteka
zīmēt

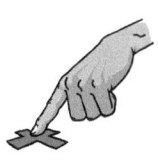

angalia
rādīt

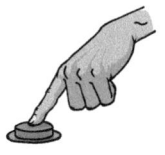

sukuma
spiest

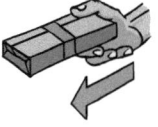

kutoa
dot

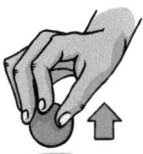

kuchukua
ņemt

kuwa

būt

fanya

darīt

kuwa

būt

kusimama

stāvēt

kukimbia

skriet

vuta

vilkt

kutupa

mest

kuanguka

krist

hadaa

gulēt

kusubiri

gaidīt

kubeba

nest

kukaa

sēdēt

vaa nguo

uzģērbt

usingizi

gulēt

kuamka

pamosties

kuangalia

skatīties

lia

raudāt

kiharusi

glāstīt

chana nywele

ķemmēt

ongea

runāt

kuelewa

saprast

kuuliza

jautāt

kusikiliza

dzirdēt

kunywa

dzert

kula

ēst

nadhifisha

sakārtot

upendo

mīlēt

mpishi

vārīt

gari

braukt

kuruka

lidot

meli

burot

kokotoa

rēķināt

kusoma

lasīt

kujifunza

mācīties

kazi

strādāt

kuoa

precēties

kushona

šūt

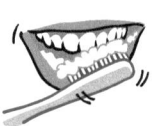

piga mswaki

tīrīt zobus

kuua

nogalināt

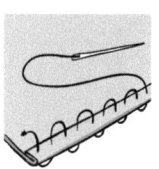

moshi

smēķēt

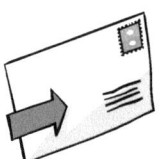

kutuma

sūtīt

bibi
vecāmāte

babu
vectēvs

baba
tēvs

mama
māte

mtoto
mazulis

binti
meita

bin
dēls

mgeni

viesis

shangazi

tante

mjomba

onkulis

kaka

brālis

dada

māsa

mwili

ķermenis

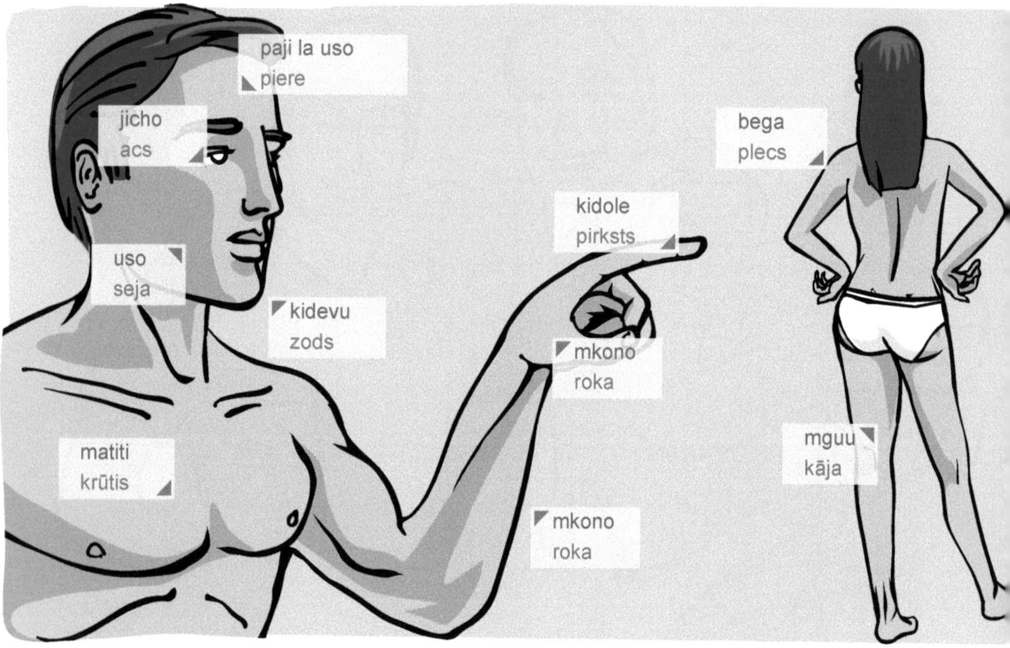
paji la uso
piere
jicho
acs
bega
plecs
kidole
pirksts
uso
seja
kidevu
zods
mkono
roka
mguu
kāja
matiti
krūtis
mkono
roka

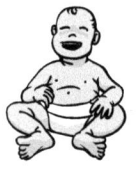

mtoto
mazulis

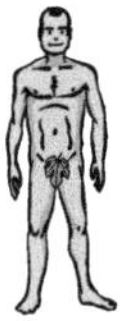

mwanamume
vīrietis

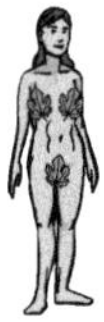

mwanamke
sieviete

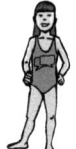

msichana
meitene

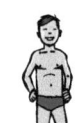

mvulana
zēns

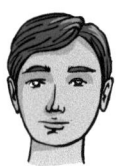

kichwa
galva

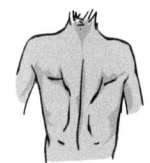

nyuma

mugura

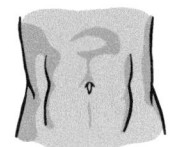

tumbo

vēders

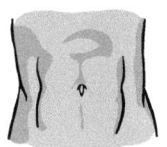

kitovu

naba

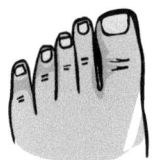

chano

kājas pirksts

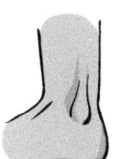

kisigino

papēdis

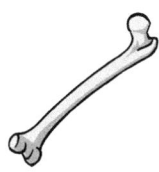

mfupa

kauls

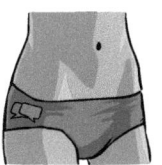

nyonga

gurns

goti

celis

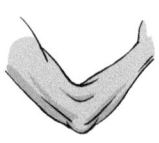

kiwiko

elkonis

pua

deguns

chini

dibens

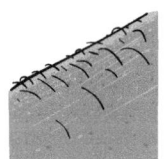

ngozi

āda

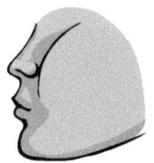

shavu

vaigs

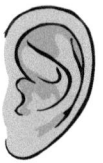

sikio

auss

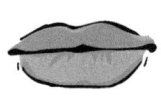

mdomo

lūpa

kinywa
....
mute

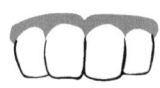

jino
....
zobs

ulimi
....
mēle

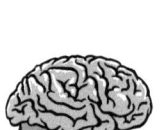

ubongo
....
smadzenes

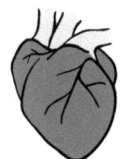

moyo
....
sirds

misuli
....
muskulis

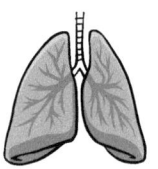

pafu
....
plaušas

ini
....
aknas

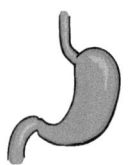

tumbo
....
kuņģis

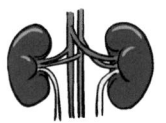

figo
....
nieres

jinsia
....
dzimumakts

kondomu
....
kondoms

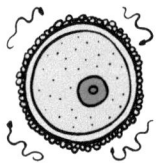

ovari
....
olšūna

shahawa
....
sperma

mimba
....
grūtniecība

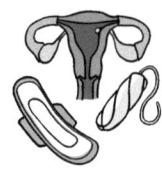

hedhi

menstruācijas

uke

vagīna

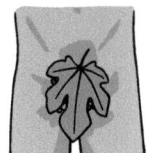

uume

penis

unyusi

uzacs

nywele

mati

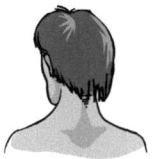

shingo

kakls

hospitali
slimnīca

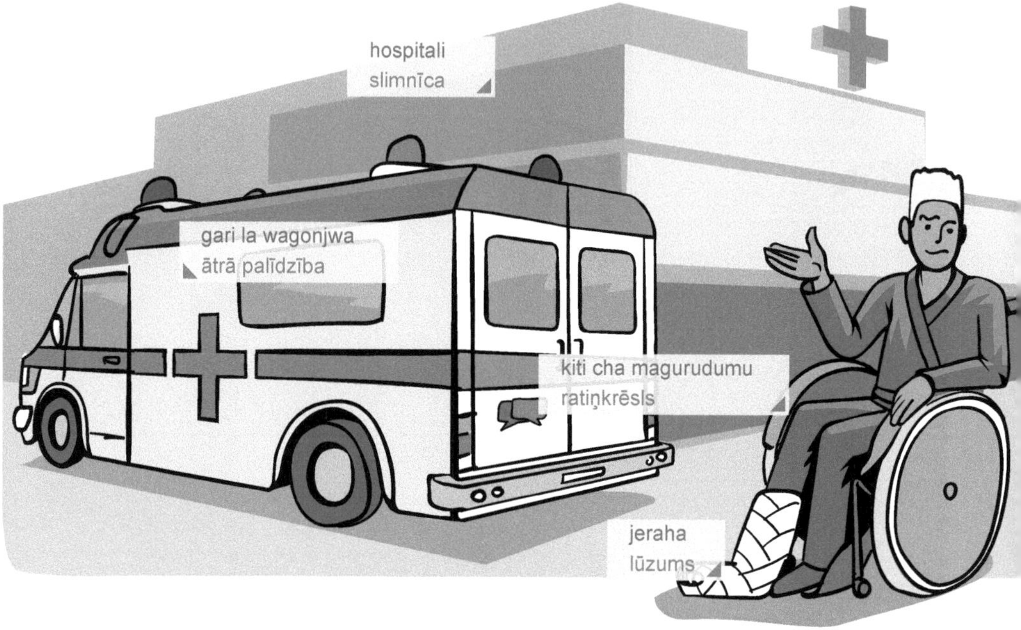

hospitali
slimnīca
gari la wagonjwa
ātrā palīdzība
kiti cha magurudumu
ratiņkrēsls
jeraha
lūzums

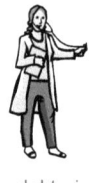

daktari

ārsts

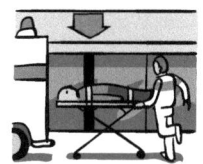

chumba cha dharura

neatliekamās palīdzības nodaļa

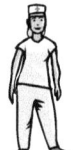

muuguzi

medmāsa

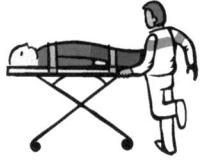

dharura

ārkārtas gadījums

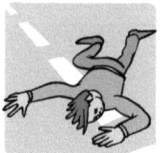

kupoteza fahamu

paģībis

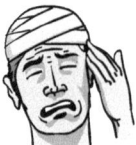

maumivu

sāpes

kuumia

ievainojums

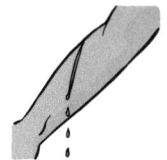

kutokwa na damu

asiņošana

mshtuko wa moyo

sirdslēkme

kiharusi

insults

mzio

alerģija

kikohozi

klepus

homa

temperatūra

mafua

gripa

kuharisha

caureja

maumivu ya kichwa

galvassāpes

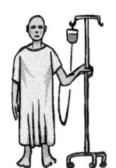

kansa

vēzis

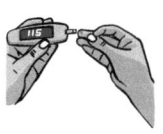

ugonjwa wa kisukari

diabēts

daktari mpasuaji

ķirurgs

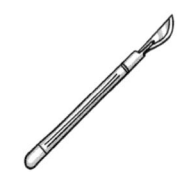

kisu kidogo cha kupasulia

skalpelis

operesheni

operācija

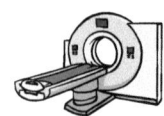

picha changanufu ya mwili

datortomogrāfija

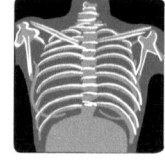

Eksrei

rentgents

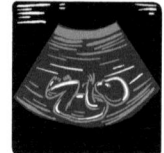

mawimbi sauti

ultraskaņa

barakoa ya uso

sejas maska

ugonjwa

slimība

chumba cha kusubiri

uzgaidāmā telpa

mkongojo

kruķis

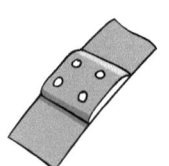

plasta

plāksteris

bendeji

apsējs

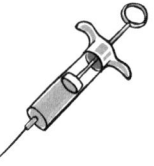

sindano

injekcija

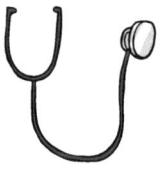

stetoskopu

stetoskops

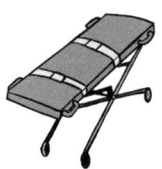

machela

nestuves

kipimajoto cha kliniki

termometrs

kuzaliwa

dzemdības

unene kupita kiasi

liekais svars

kusikia misaada

dzirdes aparāts

kipukusi

dezinfekcijas līdzeklis

maambukizi

infekcija

virusi

vīruss

VVU / UKIMWI

HIV / AIDS

dawa

zāles

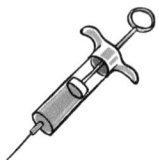

chanjo

pote

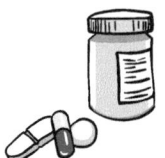

vidonge

tabletes

kidonge

pretapaugļošanās tablete

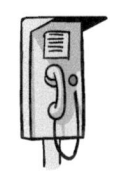

simu ya dharura

ārkārtas izsaukums

haemodainamometa

asinsspiediena mērītājs

mgonjwa / mwenye afya

slims / vesels

Msaada!

Palīgā!

kengele

trauksme

pigo

uzbrukums

shambulizi

uzbrukums

hatari

bīstamība

lango la dharura

avārijas izeja

Moto!

Uguns!

kizima moto

ugunsdzēšamais aparāts

ajali

negadījums

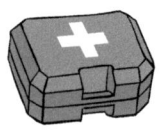

vifaa vya huduma ya
kwanza

pirmās palīdzības aptieciņa

wito wa msaada

SOS

polisi

policija

Ulaya

Eiropa

Amerika ya Kaskazini

Ziemeļamerika

Amerika ya Kusini

Dienvidamerika

Afrika

Āfrika

Asia

Āzija

Australia

Austrālija

Atlantiki

Atlantijas okeāns

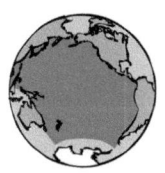

Pasifiki

Klusais okeāns

Bahari ya Hindi

Indijas okeāns

Bahari ya Antaktiki

Dienvidu okeāns

Bahari ya Aktiki

Ziemeļu ledus okeāns

Ncha ya Kaskazini

Ziemeļpols

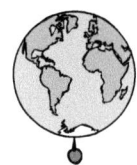

Ncha ya Kusini

Dienvidpols

Antaktika

Antarktika

dunia

zeme

nchi

zeme

bahari

jūra

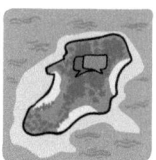

kisiwa

sala

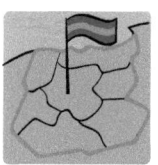

taifa

nācija

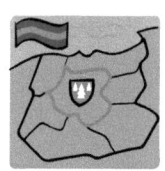

jimbo

valsts

uso wa saa

ciparnīca

akrabu ya saa

stundu rādītājs

akrabu ya dakika

minūšu rādītājs

akrabu ya sekunde

sekunžu rādītājs

Ni saa ngapi?

Cik ir pulkstenis?

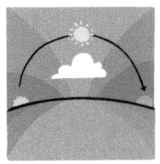

siku

diena

wakati

laiks

sasa

tagad

saa ya dijitali

digitālais pulkstenis

dakika

minūte

saa

stunda

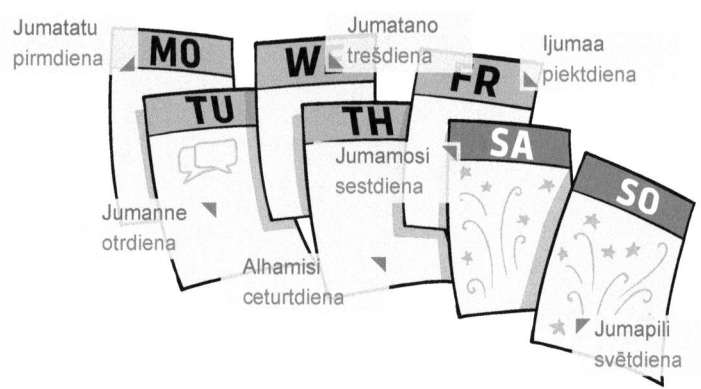

Jumatatu pirmdiena

Jumanne otrdiena

Jumatano trešdiena

Alhamisi ceturtdiena

Ijumaa piektdiena

Jumamosi sestdiena

Jumapili svētdiena

jana

vakardien

leo

šodien

kesho

rītdien

asubuhi

rīts

saa sita mchana

pusdienlaiks

jioni

vakars

MO	TU	WE	TH	FR	SA	SU
1	2	3	4	5	6	7
8	9	10	11	12	13	14
15	16	17	18	19	20	21
22	23	24	25	26	27	28
29	30	31	1	2	3	4

siku za biashara

darbadienas

MO	TU	WE	TH	FR	SA	SU
1	2	3	4	5	6	7
8	9	10	11	12	13	14
15	16	17	18	19	20	21
22	23	24	25	26	27	28
29	30	31	1	2	3	4

mwishoni mwa wiki

brīvdienas

mvua
lietus

upinde wa mvua
varavīksne

theluji
sniegs

upepo
vējš

majira ya machipuko
pavasaris

vuli
rudens

kiangazi
vasara

majira ya baridi
ziema

4.APRIL	11°	☀
5.APRIL	4°	☁
6.APRIL	13°	⛅
7.APRIL	8°	❄
8.APRIL	10°	☀

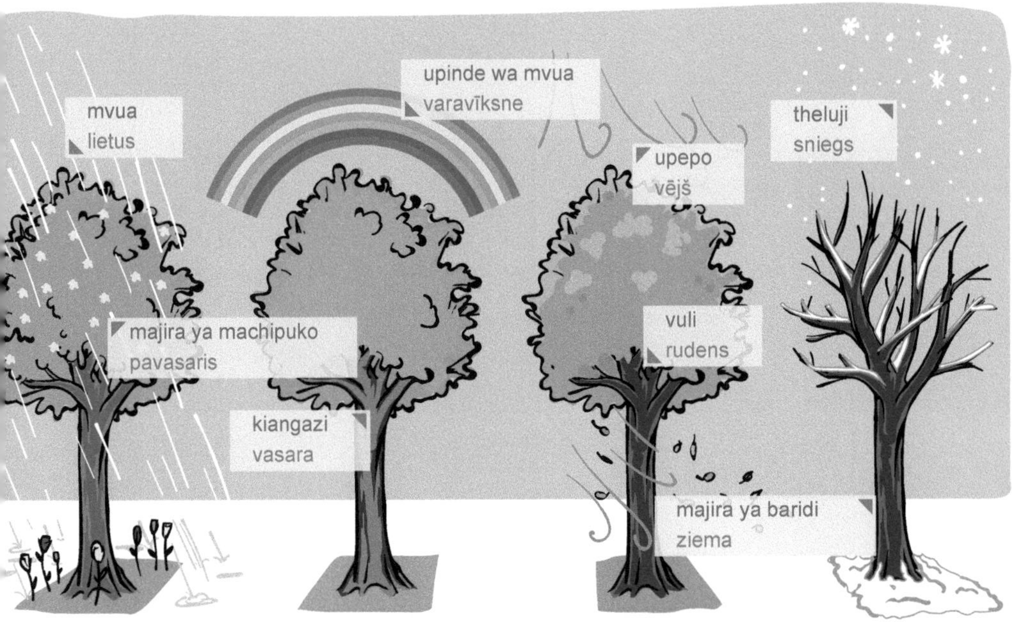

utabiri wa hali ya hewa

laika prognoze

kipimajoto

termometrs

mwanga wa jua

saules gaisma

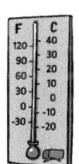

wingu

mākonis

ukungu

migla

unyevu

gaisa mitrums

umeme

zibens

radi

pērkons

dhoruba

vētra

mvua ya mawe

krusa

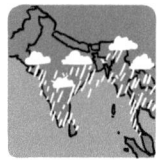

monsuni

musons

mafuriko

plūdi

barafu

ledus

Januari

janvāris

Februari

februāris

Machi

marts

Aprili

aprīlis

Mei

maijs

Juni

jūnijs

Julai

jūlijs

Agosti

augusts

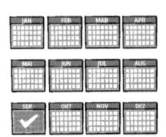

Septemba

septembris

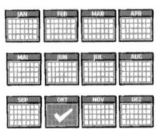

Oktoba

oktobris

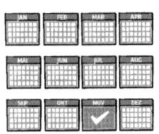

Novemba

novembris

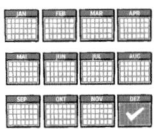

Desemba

decembris

mduara

aplis

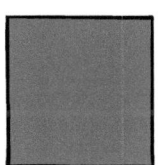

mraba

kvadrāts

mstatili

četrstūris

pembetatu

trīsstūris

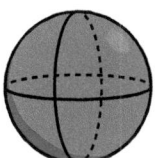

nyanja

lode

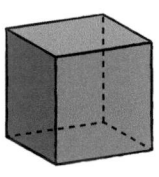

mchemraba

kubs

nyeupe

balts

manjano

dzeltens

chungwa

oranžs

rangi ya waridi

sārts

nyekundu

sarkans

hudhurungi

lillā

bluu

zils

kijani

zaļš

hanja

brūns

jivujivu

pelēks

nyeusi

melns

mengi / kidogo

daudz / maz

hasira / pole

saniknots / miermīlīgs

nzuri / mbaya

skaists / neglīts

mwanzo / mwisho

sākums / beigas

kubwa / ndogo

liels / mazs

angavu / giza

gaišs / tumšs

kaka / dada

brālis / māsa

safi / chafu

tīrs / netīrs

kamilika / tokamilika

pilnīgs / nepilnīgs

siku / usiku

diena / nakts

wafu / hai

miris / dzīvs

pana / nyembamba

plats / šaurs

kulika / kutolika

baudāms / nebaudāms

ovu / ema

nikns / laipns

sisimkwa / udhika

satraukts / garlaikots

nene / nyembamba

resns / tievs

kwanza / mwisho

pirmais /pēdējais

rafiki / adui

draugs / ienaidnieks

jaa / tupu

pilns / tukšs

ngumu / laini

ciets / mīksts

nzito / nyepesi

smags / viegls

njaa / kiu

izsalkums / slāpes

mgonjwa / mwenye afya

slims / vesels

haramu / kisheria

nelegāls / legāls

akili / kijinga

inteliģents / dumjš

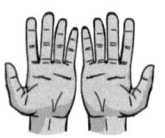

kushoto / kulia

kreisais / labais

karibu / mbali

tuvu / tālu

kinyume - pretstati

mpya / kutumika

jauns / lietots

kitu / jambo

nekas / kaut kas

zee / changa

vecs / jauns

waka / zima

ieslēgts / izslēgts

wazi / fungwa

atvērts / slēgts

utulivu / kelele

kluss / skaļš

tajiri / masikini

bagāts / nabags

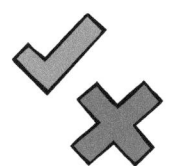

sahihi / kosa

pareizi / nepareizi

mbaya / laini

raupjš / gluds

huzunika / furahia

noskumis / laimīgs

fupi /ndefu

īss / garš

polepole / haraka

lēns / ātrs

nyevu / kavu

slapjš / sauss

joto / baridi

silts / vēss

vita / amani

karš / miers

0

sufuri

nulle

1

moja

viens

2

mbili

divi

3

tatu

trīs

4

nne

četri

5

tano

pieci

6

sita

seši

7

saba

septiņi

8

nane

astoņi

9

tisa

deviņi

10

kumi

desmit

11

kumi na moja

vienpadsmit

12

kumi na mbili

divpadsmit

13

kumi na tatu

trīspadsmit

14

kumi na nne

četrpadsmit

15

kumi na tano

piecpadsmit

16

kumi na sita

sešpadsmit

17

kumi na saba

septiņpadsmit

18

kumi na nane

astoņpadsmit

19

kumi na tisa

deviņpadsmit

20

ishirini

divdesmit

100

mia

simts

1.000

elfu

tūkstotis

1.000.000

milioni

miljons

Kiingereza

angļu

Kiingereza cha Marekani

amerikāņu angļu

Kimandarini cha Uchina

ķīniešu mandarīnu valoda

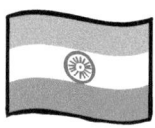

Kihindi

hindi

Kihispania

spāņu

Kifaransa

franču

Kiarabu

arābu

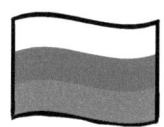

Kirusi

krievu

Kireno

portugāļu

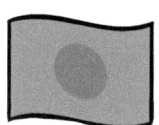

Kibengali

bengāļu

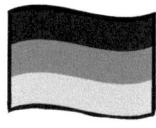

Kijerumani

vācu

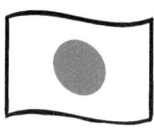

Kijapani

japāņu

mimi
....
es

wewe
....
tu

yeye / yeye / ni
....
viņš / viņa

sisi
....
mēs

wewe
....
jūs

wao
....
viņi / viņas

nani?
....
kas?

nini?
....
ko?

jinsi gani?
....
kā?

wapi?
....
kur?

lini?
....
kad?

jina
....
vārds

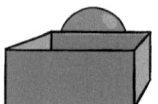

nyuma

aiz

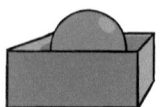

katika

iekšā

mbele ya

priekšā

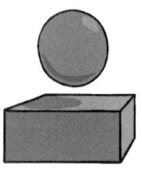

juu ya

virs

kwenye

uz

chini ya

zem

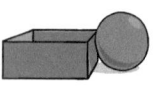

kando

blakus

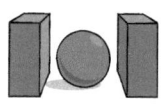

kati

starp

mahali

vieta